Merveilles
du
monde

D1407590

Crédits photographiques :

Michael J. Howell / International Stock : pages 6, 9
Michele et Tom Grimm / International Stock : pages 8, 26
Ellen Rooney / International Stock : page 8
J. Contreras Chace / International Stock : page 9
Johnny Stockshooter / International Stock : pages 9, 21
Radie Nedlin / International Stock : page 10
Phyllis Picardi / International Stock : page 11
Chad Ehlers / International Stock : pages 11, 13
Paul Thompson / International Stock : pages 12, 20
Frank Grant / International Stock : page 14
George Ancona / International Stock : page 14
Robert W. Slack / International Stock : page 15
Steve Myerson / International Stock : page 16
Hilary Wilkes / International Stock : couverture et pages 16, 20, 29
Stan Ries / International Stock : page 16 et 17
Stockman / International Stock : page 17
Colour Library / International Stock : page 18
Cliff Hollenbeck / International Stock : page 21
Michael von Ruber / International Stock : page 21
Miwako Ikeda / International Stock : pages 23, 29
Charles Steiner / International Stock : couverture et page 23
Ira Lipsky / International Stock : page 24
Mauricio Anjel / International Stock : page 28
Aaron Strong / Gamma Liaison : page 10

Lyn Hugues / Gamma Liaison : page 11
Wendy Stone / Gamma Liaison: page 11
Xavier Testelin / Gamma Liaison : page 13
Julian Parker / Gamma Liaison : page 13
Cindy Charles / Gamma Liaison : page 18
Salaber / Gamma Liaison : page 19
Harold Glaser / Gamma Liaison : page 22
Chris Wahlberg / Gamma Liaison : page 22
Stuart Dee / Image Bank : page 12
Grant V. Faint /Image Bank : page 13
Santi Visalli / Image Bank : page 17
Guido Rossi / Image Bank : page 20
Harald Sund / Image Bank : page 21
Francisco Hidalgo / Image Bank : page 28
Gary Cralle / Image Bank : page 29
AP / Wide World Photo : couverture, pages de garde et pages 11 à 19, 23 à 25, 27 à 29
UPI / Corbis-Bettman : page 24 et 25
Comstock : pages 8 et 9, 25, 27
FourByFive / Superstock : pages 12, 14, 22, 26 et 27
Michael Bontempi : page 26

Illustrations de Howard S. Friedman : pages 6 et 7

Données de catalogage avant publication (Canada) disponibles

ISBN 0-590-50562-9

Titre original : Eyes on Adventure ™ Exploring the Wonders of the World

Édition publiée par Les éditions Scholastic, 123, Newkirk Road, Richmond Hill (Ontario) L4C 3G5, avec la permission de Kidsbooks, Inc., 2223 West Peterson Ave, Chicago, Ill.60659.

4321   Imprimé aux États-Unis   789/9

ZOOM AVENTURE

Merveilles du monde

Texte de David Seidman

Texte français de Martine Faubert

Les éditions Scholastic

DANS LES TEMPS ANCIENS

Certaines constructions sont si gigantesques, si belles ou si originales qu'on a peine à croire qu'elles sont l'œuvre des humains. Les plus anciennes à avoir été décrites s'appellent les «Sept merveilles du monde». Elles sont toutes disparues, sauf une. Mais les humains n'ont jamais cessé de bâtir et, sur les cinq continents, on peut aujourd'hui admirer leurs chefs-d'œuvre, depuis les tombeaux de l'Antiquité jusqu'aux gratte-ciel des temps modernes.

TROIS RESCAPÉES

Parmi les Sept merveilles du monde, les pyramides de Gizèh en Égy sont les seules à avoir été conservées jusqu'à aujourd'hui. Leur construction a été entreprise il y a 4 500 ans, et elles ont été érigées g à des milliers d'ouvriers qui y ont travaillé pendant plus de vingt ans Grande Pyramide est haute de 137 m et a 227 m de côté. On évalue so poids a près de deux milliards de tonnes métriques.

PORTÉE DISPARUE

Dans l'Antiquité grecque, la statue de Zeus à Olympie était une importante attraction touristique aux moments des compétitions sportives qui se tenaient dans cette ville. Les visiteurs venaient se prosterner aux pieds de leur dieu représenté assis sur son trône. La statue était faite d'or et d'ivoire, et était haute d'au moins 9 m. Au bout de neuf cents ans, elle a mystérieusement disparu.

ARTÉMIS EN MIETTES

Le temple d'Artémis, en Grèce, en imposait, avec ses cent vingt-sept colonnes hautes de 18 m. C'était un des plus grands temples de la Grèce antique. Il a été construit en 550 avant J.-C., et des envahisseurs l'ont détruit en 262 après J.-C.

ET LA LUMIÈRE FUT!

Le phare de l'île de Pharos, près d'Alexandrie en Égypte, était si célèbre que dans bien des langues, il a laissé son nom à ce type de construction. Il était haut de 180 m et pendant au moins mille cinq cents ans, sa flamme a guidé les bateaux qui croisaient au large, sur la Méditerranée. En 1302 après J.-C., un tremblement de terre l'a détruit.

MOURIR POUR LA GLOIRE

Ou l'art de s'immortaliser dans un mot. C'est ce qui est arrivé au roi turc Mausole. Il y a plus de deux mille ans, ce souverain s'est fait construire un gigantesque tombeau dans sa capitale Halicarnasse. Taillé dans une magnifique pierre blanche, ce monument est devenu si célèbre que, de nos jours, un tombeau imposant se nomme «mausolée».

MME CHEZ SOI

a environ deux mille cinq cents ans, la reine de Babylone rêvait c nostalgie aux vertes collines de son pays natal. Pour la soler, le roi son mari a fait construire une pyramide de verdure te de 90 m. Quelques siècles plus tard, les Jardins suspendus Babylone ont été détruits. Aujourd'hui, on n'en connaît même l'emplacement exact.

COLOSSAL!

Les Grecs avaient une puissante armée. Mais un jour, ils ont attaqué l'île de Rhodes et ont perdu la bataille. Les insulaires ont attribué leur victoire au dieu Hélios et lui ont érigé une statue. Le colosse de Rhodes, haut de 32 m semblait indestructible. Mais moins d'un siècle après sa construction, un tremblement de terre l'a endommagé.

DEMEURES DE RÊVES

La vie de château a longtemps été l'apanage des rois. Voulant concrétiser leurs rêves, plusieurs monarques et autres personnages importants ont fait ériger de magnifiques palais et de somptueuses demeures qu'on peut visiter aujourd'hui.

LA FOLIE DE LOUIS

Dans le sud de l'Allemagne, au sommet d'un piton rocheux, s'élève le château de Neuschwanstein. Cette construction d'allure médiévale a été érigée en 1869, à la demande de Louis II de Bavière qui, à la fin de sa vie, a sombré dans la folie. Dans ce château, il a fait aménager une salle du trône grandiose, au plafond peint comme une voûte céleste.

▲ UN MANOIR HANTÉ

La riche héritière anglaise Sarah Winchester vivait étreinte par l'angoisse, dans son immense demeure. Elle y sentait la présence de milliers de fantômes, ceux de tous les gens tués au moyen des armes à feu fabriquées par sa famille. Pour retrouver la paix de son âme, elle a un jour décidé de déjouer tous ces fantômes; elle a donc fait ajouter dans sa demeure des escaliers se terminant en cul-de-sac, des portes donnant sur un mur et des centaines de pièces, pour piéger tous ces intrus.

UNE DEMEURE ROYALE

Tu reconnais sans doute ce somptueux palais. C'est Buckingham Palace, la résidence londonienne de la reine d'Angleterre. Les aménagements intérieurs de ce château sont d'une richesse incomparable. Si un jour tu t'y rends à l'occasion d'un voyage, tu pourras assister au changement de la garde; c'est un spectacle à ne pas manquer.

8

...IGANTESQUE!

...Inde, le roi Shah Jahan souhaitait avoir une ...uvelle capitale, qu'il voulait la plus grandiose ...u monde. Il a donc fait ériger une forteresse de ...us de 465 000 mètres carrés, dont les murs ...uges sont hauts de 18 m. Dans l'enceinte, on ...ut visiter des palais somptueux entourés de ...lendides jardins ornés de fontaines, de même ...e des bâtiments à l'architecture plus sobre, qui ...rvaient à abriter une armée de soldats et de ...nctionnaires.

POUR ERMITE SEULEMENT!

Catherine II, dite la Grande, a été impératrice de Russie de 1762 à 1796. Fatiguée par ses tâches officielles, elle a un jour ressenti le besoin de se retirer de la vie publique. Mais l'idée qu'elle se faisait de l'intimité était bien différente de la nôtre; son refuge campagnard était une gigantesque demeure de 270 m de façade. On peut visiter aujourd'hui les vingt-deux pièces qui en ont été restaurées.

LA DEMEURE D'UN SHOGUN

Érigé sur une assise de 45 m de haut, le château du Héron blanc à Himeji est le plus imposant des douze palais qu'on peut encore visiter au Japon. C'est un chef-d'œuvre d'architecture militaire. Pour repousser l'ennemi, on pouvait verser de l'eau ou de l'huile bouillante par des orifices pratiqués dans la structure du bâtiment.

...NE MAISON À LA ...AMPAGNE

...n 1661, Louis XIV roi de ...ance a décidé d'installer le ...ège de son gouvernement ...ns un pavillon de chasse à ...rsailles. Au bout de cent ...s, la construction du palais ...e nous connaissons ...jourd'hui était enfin ...rminée. Celui-ci était assez ...and pour héberger des ...illiers de courtisans. Ses ...menses jardins sont ...rémentés de canaux, de ...ssins, de sculptures et de ...us de mille fontaines.

...a galerie des Glaces à Versailles.

FABULEUSES SCULPTURES

En général, les statues sont érigées pour honorer un grand personnage, protéger un site ou agrémenter un lieu. Certaines sont si belles ou si imposantes que, à les contempler, on se sent soulevé par l'admiration.

ELLE VAUT SON PESANT D'OR.

La statue de Bouddha qu'on peut admirer dans Wat Traïmit, en Thaïlande, est sans doute la sta[...] la plus précieuse du monde. Elle date d'au moi[...] cinq cents ans et avait été recouverte de stuc, af[...] de la protéger des voleurs. En 1955, on a décou[...] tout à fait par hasard que sous cette enveloppe [...] cachait de l'or.

UNE CÉLÉBRITÉ

À l'origine, le David de Michel-Ange devait être placé à l'intérieur de la cathédrale Santa Maria del Fiore, à Florence. Mais elle a plutôt été dressée sur une place publique, afin que tout le monde puisse l'admirer de près. Michel-Ange est alors devenu l'artiste le plus en vue de la ville.

► QUATRE PLUTÔT QU'UN

Les temples égyptiens sont sans contredit d'une beauté exceptionnelle. Au moment de pénétrer dans le temple d'Abou Simbel, on se sent écrasé par la masse imposante des quatre colosses à l'effigie de Ramsès II, qui en flanquent l'entrée. Ceux-ci s'élèvent à 20 m de hauteur, et trois d'entre eux sont absolument intacts.

TOTEMS

Un totem est un animal ou une plante pris comme symbole pour représenter l'appartenance des individus à un groupe social particulier. Les totems se rencontrent dans plusieurs cultures traditionnelles de l'Amérique du Nord et de l'Australie. Leur figure est souvent sculptée dans des troncs d'arbre.

LE STONE MOUNTAIN MEMORIAL

Dans une falaise rocheuse du mont Stone, près d'Atlanta en Géorgie, on peut admirer le plus grand bas-relief du monde; il mesure 24 m de haut sur 55 m de large et représente les chefs de la confédération, Robert E. Lee, Stonewall Jackson et Jefferson Davis. C'est l'œuvre de Gutzon Borglum, à qui il a fallu plus de huit ans pour la compléter. Le même artiste a mis quatorze ans à sculpter les figures du mont Rushmore (voir les pages de garde).

...NE ARMÉE DE TERRE

...mbien de temps faut-il pour ...écuter une sculpture ...présentant un humain ...ndeur nature? Il y a plus ...deux mille ans, l'empereur ...i règnait alors en Chine a ...onné qu'on sculpte pour lui ...us de sept mille soldats avec ...rs chariots de guerre et ...rs chevaux; il a fallu ...nte-six ans. À sa mort, on ...enterré avec son armée ...terre cuite, qui devait le ...otéger dans l'au-delà.

LADY LIBERTÉ

Gustave Eiffel avait certainement un penchant pour le gigantisme. Il est l'auteur de la tour Eiffel à Paris, mais aussi de la statue de la Liberté à New York. Celle-ci est haute de plus de 90 m et pèse près de cent mille tonnes métriques. À l'origine, elle symbolisait l'amitié qui unissait la France et les États-Unis. Maintenant, elle représente une valeur fondamentale dans la culture nord-américaine : la liberté.

LA NATURE APPRIVOISÉE

Les paysages créés de mains d'homme à partir d'éléments naturels sont un véritable plaisir pour les yeux. Inauguré par les Jardins suspendus de Babylone, cet art ne cesse de nous ravir, même dans ses expressions les plus récentes.

UN PETIT COIN DE PARADIS

Vu de l'extérieur, l'Alhambra de Grenade, en Espagne, a l'air d'une austère forteresse. Mais quand on pénètre à l'intérieur, on y découvre un somptueux palais agrémenté de jardins fleuris, de fontaines, de sculptures, de vergers et de bassins. Les rois maures y séjournaient autrefois.
▼

UN SPLENDIDE DOUBLÉ

Le peintre Claude Monet a construit un magnifique jardin d'eau (photo en haut à gauche), à Giverny en France; on peut encore s'y promener aujourd'hui. Ce jardin est la source d'inspiration de plusieurs de ses tableaux, dont toute la série des Nymphéas (ci-dessus, reproduction d'un de ces tableaux).

LUS QU'UN SIMPLE PARC

ntral Park à New York, c'est un
nument égyptien, un immense
ng, un zoo, des aires de jeu et un
sée des beaux-arts, le tout sur
s de 350 hectares. Une foule de
t cent mille personnes a pu y tenir
ur assister à l'un des plus grands
acerts de musique classique de
s les temps. L'aménagement du
rc remonte à plus d'un siècle; des
liers de citadins le fréquentent
otidiennement pour y prendre
bain de nature en plein cœur
la ville.

LES LABYRINTHES

Que dirais-tu de te perdre
dans un dédale fait de seize
mille cent quatre-vingts ifs
plantés en haie? Cela pourrait
t'arriver à Longleat, en
Grande-Bretagne, où se trouve
un labyrinthe de près de 3 km
de parcours : un
record mondial!

LA PAUSE FRAÎCHEUR

Dans la ville, une fontaine
est comme une oasis de
fraîcheur où les passants,
le temps d'un instant, viennent
se reposer de l'activité ambiante.
À Rome, la fontaine de Trévi est
l'un de ces lieux. Suivant la
tradition, le touriste qui y jette
une pièce de monnaie
est assuré de revenir
un jour à Rome.

JEUX D'EAU ▶

Le château de Versailles est situé
dans un immense parc aménagé
en jardins et orné de fontaines,
dont certaines sont tout à fait
remarquables. Celle qu'on voit ci-
contre s'inspire de la mythologie
romaine; elle illustre l'histoire
d'une déesse nommée Latone, que
des paysans avaient insultée. Pour
les punir, Jupiter, le dieu tout-
puissant, a changé les paysans en
grenouilles et en lézards.

MILLE ET UNE TOURS

Autrefois, quand on voula
avoir une vue d'ensemble
d'une ville, on pouvait
grimper au haut de la tou
d'un château ou dans le
clocher d'une église. Depu
le début du XXᵉ siècle, on
peut aller encore plus hau
au sommet d'un gratte-cie

MILLE MILLIARDS ▲ DE TUILES

Il a fallu plus de trente ans
à Simon Rodia pour
monter ses tours
composées de ciment, de
tiges d'acier, de tuiles, de
coquillages et de débris de
verre. Terminées en 1954,
les tours Watts, près de
Los Angeles, s'élèvent à
30 m de hauteur et,
jusqu'à maintenant, ont
bien résisté aux
tremblements de terre.

◄

HAUTE GASTRONOMIE

Construite de 1973 à 1975, la tour du CN
à Toronto est la tour d'observation la plus
élevée du monde. Elle est haute d'un peu
plus de 550 m et peut résister à des vents
de 430 km/h. Elle est coiffée d'une antenne
de radio et télévision et supporte
une structure circulaire abritant,
entre autres, un restaurant d'où
on a une vue à 125 km à la ronde.

LE PRINCE DES GRATTE-CIEL

Pour bien des gens, le plus grand des gratte-
ciel de New York demeure l'Empire State
Building. Celui-ci est haut de plus de 300 m
et pèse plus de cent cinquante millions de
tonnes métriques. Sa construction, qui a
nécessité le concours de plus de trois mille
ouvriers, a duré moins de dix-huit mois : un
record de tous les temps! Il est demeuré le
plus haut édifice du monde, de 1931 à 1972.

LÉGER PENCHANT

ur de Pise en Italie est l'une
ours les plus célèbres du
le, même si elle n'est haute
de 54 m. Elle a été
ruite en 1173 et devait
r de clocher à une église.
, avant la fin des travaux,
est mise à pencher, à cause
ffaissement des
tions, qui n'ont pas pu
er au poids de la masse de
re; elle s'est donc enfoncée
us de plus de 3,5 m.

LE PHARE DE L'ORIENT

Au Japon se trouve le plus haut
phare du monde. Le Marine
Tower de Yokohama s'élève à
près de 106 m, c'est-à-dire juste
un petit peu moins que le phare
d'Alexandrie autrefois. On peut
apercevoir la lueur de son
faisceau jusqu'à 30 km. Un bien
gros lampadaire! La structure
abrite aussi un restaurant, un
musée, une volière et une plate-
forme d'observation.

LES PETITES NOUVELLES

c leurs 445 m de hauteur, les
jumelles de Kuala Lumpur,
n Malaisie, sont de sérieuses
rivales à la tour Sears de
hicago. Elles ont été conçues
ar César Pelli et sont faites
une structure de béton armé
ecouverte de plaques d'acier
inoxydable.

DES SŒURS JUMELLES

Les tours du World
Trade Center de New
York ne sont pas les plus
hautes du monde,
mais elles sont sans
contredit les plus
vastes, puisqu'elles
offrent environ
835 000 mètres carrés
de surface habitable.
Leur construction a
duré de 1966 à 1973.
Elles sont hautes
d'environ 400 m et,
pendant quelque temps,
elles ont été les plus
hautes tours du monde.

SAVOIR S'ÉPAULER

La tour Sears de Chicago est haute de près
de 450 m, auxquels il faut encore ajouter 60 m
pour l'antenne de télévision qui la coiffe. Au
moment de son inauguration, dans les années
1970, c'était la plus grande
tour à bureaux du monde.
Elle est en fait constituée
de plusieurs gratte-ciel
qui viennent s'appuyer
les uns contre les autres,
permettant ainsi à
chacun de s'élancer
un peu plus haut
vers le ciel.

FRANCHIR L'INFRANCHISSABLE

Sans qu'on s'en rende compte, il est extraordina
de pouvoir se rendre dans certains endroits sa
difficulté. Devant les barrières infranchissable
posées par la nature, les humains ont su invent
des solutions qui laissent souvent pantois.

LE VIEUX PONT DE LONDRES

À les contempler si solides au milieu de la
ville, on pourrait croire que les deux tours du
pont de Londres ont toujours été là. Pourtant,
elles sont de construction récente; elles ont
remplacé un pont plus ancien qui menaçait
ruine. Celui-ci a été racheté par des
promoteurs de l'Arizona, qui l'ont fait
transporter bloc par bloc, puis remonter sur
les rives du lac Havasu, au milieu d'une
réplique de village anglais.

INCROYABLE!

Un pont suspendu est une portion de route accrochée
à des câbles qui s'appuient sur de hautes tours, pour
ensuite venir s'ancrer au sol. Le pont Verrazano à New
York est long de près de 1 300 m. Mis bout à bout, les
câbles qui le composent mesurent la moitié de la
distance de la Terre à la Lune!

LE PONT DU GOLDEN GATE

Le détroit qui ferme la baie de San Francisco a
reçu le nom de Golden Gate en 1846, par son
découvreur, l'explorateur John Charles Frémont.
Le pont suspendu qui l'enjambe est remarquable
par ses deux hautes tours de couleur rouille.

À COUPS DE PELLES

Jusqu'en 1914, le passage de l'Atlantique au Pacifique se
faisait en contournant toute l'Amérique du Sud, en un vo
de 12 00 km. Maintenant, il suffit de franchir le canal de
Panama, qui n'est long que d'environ 80 km. Maintenant,
quinze mille navires empruntent cette voie chaque année
canal a été construit grâce à quarante mille travailleurs qu
ont excavé plus de 150 mille millions de mètres cubes de
terre.

LE TUNNEL SOUS LA MANCHE

La France et l'Angleterre sont séparées par un bras de mer de 50 km. Depuis 1994, on peut le franchir en voiture, en chargeant celle-ci sur un train qui traverse sous la mer, dans le pont-tunnel le plus long du monde. C'est une des plus récentes merveilles du monde ▶

DU NORD AU SUD

Qu'est-ce qui mesure plus de 25 000 km et qui va de l'Alaska au Brésil, en passant par la Terre de feu? C'est la route panaméricaine, la route la plus longue du monde, qui permet de traverser le Chili, le Pérou, le Panama, le Mexique, les États-Unis et le Canada, entre autres. ▼

FINIES LES BALADES EN BATEAU!

Au moment de son inauguration en 1883, le pont de Brooklyn, qui relie cette ville à Manhattan, était le plus long pont suspendu du monde. Tout au long de sa construction, qui a débuté en 1869, les gens de Brooklyn rêvaient du jour prochain où ils pourraient se rendre au travail sans être obligés de prendre le traversier!

OMME UN BOUCHON

st dans les années 1930 que le rage de Hoover a été érigé sur rivière Colorado, près de Las gas au Nevada. Ce chef-d'œuvre ngénierie n'est pas destiné au omeneur solitaire qui voudrait nchir la rivière; il sert en fait à êter le flot afin de fabriquer de ectricité pour les foyers et les reprises de la région.

L'ART MONUMENTAL

Depuis la plus haute antiquité, de grands personnages ont su inspirer un tel respect aux leurs que ceux-ci ont voulu les immortaliser en construisant un monument à leur mémoire.

GRAND COMME UNE VILLE

Construit en 1583 et 1584, le palais de l'Escurial, près de Madrid, abrite les tombeaux des rois d'Espagne. Il comprend un jardin, une bibliothèque, un monastère, un palais et des bureaux des milliers de pièces, et sa surface au sol est l'une des plus importantes du monde.

UN BIEN GRAND TOMBEAU ▲

L'empereur indien Shah Jahan a fait construire le Taj Mahal pour servir de tombeau à son épouse. Les murs extérieurs sont de marbre blanc, et ceux de l'intérieur sont incrustés de jade, de cristal et d'autres pierres semi-précieuses. Le bâtiment est entouré de jardins agrémentés de canaux. Il a fallu environ vingt ans pour le construire.

LE GARDIEN DES ROIS ÉGYPTIENS

À côté des pyramides de Gizèh, en Égypte, se trouve le Sphinx. Cette sculpture de pierre au corps de lion et à la tête humaine a été érigée il y a plus de quatre mille ans. Elle mesure environ 60 m de long et 20 m de haut. De sa masse imposante, elle semble veiller à la quiétude des rois enterrés dans les Pyramides.

LE VIETNAM VETERANS MEMORIAL

Ce monument a été élevé à la mémoire des victimes de la guerre du Viêt-Nam. Ce sont deux immenses murs de granit noir sur lesquels sont gravés les noms de tous les Américains morts durant cette guerre. Avec le Washington Monument (en arrière-plan sur la photo), c'est un des sites touristiques les plus populaires de Washington. ▶

UNE VILLE FANTÔME

Des fouilles effectuées au Mexique dans les années 1950 ont permis de mettre au jour une étrange cité. Les Mayas l'ont construite de 500 à 800 après J.-C., pour l'abandonner ensuite, on ne sait pour quelle raison. C'était un centre religieux, et on y trouve le plus grand monument funéraire de l'Amérique centrale.

À LA MÉMOIRE DE LINCOLN

Le Lincoln Memorial, qui est certainement la plus importante attraction touristique de Washington, a été érigé à la mémoire du seizième président des États-Unis, Abraham Lincoln. Le bâtiment, qui est une copie d'un temple grec, est taillé dans le marbre, le granit et le calcaire, et abrite la statue de marbre à l'effigie du président.

ARC DE TRIOMPHE DE L'ÉTOILE

monument est l'un des plus grands et des plus remarquables sa catégorie. Napoléon Bonaparte l'a fait construire à Paris, ur commémorer les victoires remportées lors de ses campagnes litaires. Il mesure 50 m de haut et 45 m de large. La grande rade abrite la pierre tombale du Soldat inconnu.

PAYSAGES URBAINS

La silhouette d'une ville qui se détache sur un fond de soleil couchant offre toujours un spectacle saisissant, avec ses gratte-ciel, ses clochers, ses coupoles et ses ponts. À l'origine, les villes se sont développées pour offrir un abri aux populations en danger. Elles étaient faites de bâtiments entourés d'un mur d'enceinte et, souvent, étaient situées près d'un cours d'eau. De nos jours, la plupart des gens habitent et travaillent en ville. Certains de ces lieux sont peu banals.

UNE FORÊT DE GRATTE-CIEL

New York, qui est une des plus grandes places commerciales, financières et culturelles du monde, est la plus grande ville des États-Unis. Son centre, qui s'appelle Manhattan, présente un paysage urbain tout en hauteur. Mais à l'époque de la colonisation par les Hollandais, au début du XVIIIe siècle, Manhattan était une île couverte d'une verte forêt habitée par les Amérindiens.

LONDRES

La ville de Londres, en Angleterre, a u longue histoire. Elle a été occupée pa Romains au Ier siècle après J.-C., puis dévastée par les guerres, les épidémie les incendies au cours des siècles qui suivi. Pendant la Deuxième Guerre mondiale, les bombardements allema ont été particulièrement destructe Mais la ville a tout de même conservé une bonne partie de se monuments, dont Big Ben, qui e une tour à horloge attenante au parleme de Westminster.

UNE VILLE SUR DEUX CONTINENTS ▲

La ville d'Istambul s'élève sur les deux rives du Bosphore, qui est un étroit bras de mer séparant l'Europe de l'Asie. Elle a été fondée en 324 après J.-C. par l'empereur Constantin Ier, et s'est appelée Constantinople jusqu'en 1930.

UN VILLAGE DEVENU CAPITALE

Il y a très longtemps, Copenhague n'était qu'un modeste village de pêcheurs. Puis son port a pris de l'importance et, de là, l'ancien village est devenu la capitale du Danemark.

◀ COMME UN VAISSEAU SUR LA MER

Le Mont-Saint-Michel, dans l'ouest de la France, est un îlot rocheux surmonté d'une grande abbaye bénédictine, au pied de laquelle se blottit une petite ville touristique. La chapelle de l'abbaye se trouve à 78 m au-dessus du niveau de la mer. On dirait un vaisseau, quand sa silhouette se détache sur un fond de soleil couchant, avec sa flèche qui s'élance vers le ciel et la marée montante qui l'entoure peu à peu.

CHANGEMENT DE PROPRIÉTAIRE

Il y a très longtemps, l'île de Hong-kong était un repère de pirates. De nos jours, c'est une des villes les plus prospères de l'Asie du Sud-Est. Sa capitale se nomme Victoria. Pendant un peu plus d'un siècle, elle a été une colonie britannique, mais elle a été restituée à la Chine le 1er juillet 1997.

LA VILLE AUX CENT CANAUX

La ville de Venise en Italie est construite sur cent vingt [î]les reliées par environ quatre cents ponts qui enjambent [l]es cent soixante-dix-sept canaux qui la sillonnent. On [p]eut toujours s'y promener à pieds, mais on a plus vite [f]ait par voie d'eau.

LES LIEUX SAINTS

Les lieux de culte sont certainement parmi les réalisations architecturales les plus impressionnantes qui soient. Pendant des siècles, la religion est demeurée au centre de l'existence des humains, et c'est ce qui a rendu possible la construction d'églises, de synagogues, de mosquées et de temples, tous plus somptueux les uns que les autres.

UN BIJOU ▲ DE MARBRE

La cathédrale Santa Maria del Fiore, à Florence, est bien connue pour sa coupole orangée qui domine les toits de la ville. Ses murs sont ornés de marbre blanc, vert et rouge, et elle est flanquée d'un clocher, appelé «campanile», et d'un baptistère octogonal. Ce dernier est célèbre pour ses portes de bronze sculptées de bas-reliefs représentant des scènes de l'Ancien testament.

UN CHEF-D'ŒUVRE ▲

La chapelle Sixtine est reconnue pour la beauté des fresques qui ornent son plafond. Pendant quatre ans, sur plus de 900 m^2, Michel-Ange et ses assistants ont peint environ trois cents scènes de l'Ancien testament. Pourtant Michel-Ange, qui était avant tout un sculpteur, avait d'abord refusé ce contrat parce qu'il n'aimait pas faire de la peinture!

UN LIEU PLUS QUE SAINT

Le Temple que Jésus a connu de son vivant à Jérusalem est devenu aujourd'hui le site de la mosquée d'Omar. Ce lieu est certainement l'un des plus sacrés du monde. En effet, les musulmans prétendent que c'est de là que le prophète Mahomet est monté au ciel. Par ailleurs, les tables de la Loi reçues par Moïse y seraient enfouies. Enfin, c'est un haut lieu de prière pour les juifs d'aujourd'hui, qui vont se recueillir au pied du mur des Lamentations.

E ÉGLISE DE VERRE

mmense église de verre de
den Grove, en Californie, a
forme d'une étoile à quatre
hes. Ses murs transparents
sont faits d'un réseau de
poutres métalliques qui
utiennent plus de dix mille
neaux de verre. Grâce à un
n géant, les fidèles peuvent
ême assister aux offices de
érieur, en restant bien assis
dans leur automobile.

BEAU À EN CREVER LES YEUX

À Moscou en Russie, s'élève
l'extravagante basilique Basile-le-
Bienheureux, édifiée par le tsar Ivan le
Terrible. Elle est célèbre pour la beauté
de ses clochers. Selon la légende,
quand la construction en a été
terminée, le tsar aurait ordonné qu'on
crève les yeux des architectes qui
l'avaient conçue afin que ceux-ci ne
puissent jamais rien construire de
plus beau.

◄ ANGKOR ET TOUJOURS!

Le temple funéraire
d'Angkor Vat, au
Cambodge, est le plus
vaste temple
bouddhique du monde.
Il a fallu près de
quarante ans pour le
bâtir. Sa superficie est
de 2 km carrés, et il est
entouré d'un grand
fossé. Ses murs sont
entièrement sculptés de
bas-reliefs. Dans sa
partie la plus haute,
il attient 60 m.

▼ RIEN DE TROP BEAU!

Le temple du Bouddha de jade est le plus
fréquenté de Thaïlande. De tous les trésors
qu'il renferme, le plus fabuleux est
certainement le plus petit; c'est une statue de
Bouddha, haute de 75 cm, mais taillée dans le
jade et posée sur un énorme autel d'or.

LA PERFECTION MÊME

Le Parthénon, en Grèce, a été construit pour honorer la déesse
Athéna. Autrefois, le bâtiment était orné d'œuvres d'art. Même
si, aujourd'hui, il se présente complètement dépouillé, il est
toujours considéré comme un chef-d'œuvre de perfection.

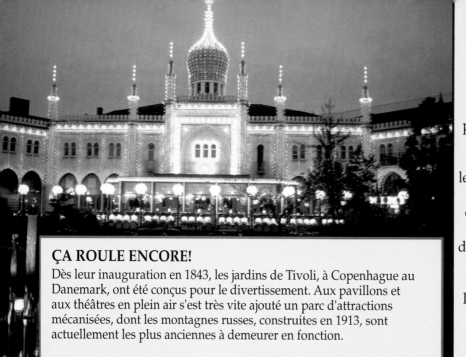

AU PAYS DES RÊVES

Au moyen-âge, les gens se rassemblaient au marché pour acheter et vendre des bie ils aimaient bien se divertir à cette occasion. De nos jours, les foires sont devenues de gra rassemblements internationa où on vient montrer les dernie développements en matière de technologie. Mais on a touj su garder l'esprit de la fête, cher aux temps anciens, comm le prouvent les parcs d'attracti qu'on peut visiter un peu partout dans le monde.

ÇA ROULE ENCORE!

Dès leur inauguration en 1843, les jardins de Tivoli, à Copenhague au Danemark, ont été conçus pour le divertissement. Aux pavillons et aux théâtres en plein air s'est très vite ajouté un parc d'attractions mécanisées, dont les montagnes russes, construites en 1913, sont actuellement les plus anciennes à demeurer en fonction.

L'INVENTION DE LA ROUE

De nos jours, les manèges des parcs d'attractions fonctionnent à l'électricité. Mais ce n'était pas le cas avant l'Exposition de Chicago en 1893. Cet événement a été organisé en l'honneur du quatre centième anniversaire de la découverte de l'Amérique par Christophe Colomb, et c'est à cette occasion que, pour la première fois, on a pu voir fonctionner une granderoue. De là sont nés les grands parcs d'attraction, où ce manège trône toujours comme un prince.

POUR LES AUDACIEUX

Le parc d'attractions de Coney Island à Brooklyn dans New York, abrite toujours une des plus anciennes montagnes russes. Dès 1894, une grande roue y avait été installée. Et dans les anne 1940, à l'apogée de la gloi de ce site, la tour de saut parachute était des plus populaires.

À Haw Par Villa, qui est un grand parc d'attractions situé à Singapour, on peut se promener en bateau dans le ventre d'un dragon.

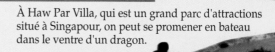

Les expositions universelles du XXe siècle se caractérisent par les développements techniques dans les domaines de l'architecture et de l'ingénierie. L'exposition de Montréal, en 1967, s'intitulait Terre des Hommes. L'énorme structure sphérique qu'on voit ci-dessus a été construite à cette occasion, et on peut encore la visiter.

UN MONDE EN SOI

Disney World, en Floride, est le plus grand parc d'attractions du monde; il couvre environ 12 hectares. L'emblème du parc est la planète Terre, représentée par une immense sphère haute d'environ 55 m.

NE TOUR RÉVOLUTIONNAIRE

tour Eiffel a été construite en 1889 pour commémorer le ntenaire de la Révolution française. Mais elle était elle-même volutionnaire dans sa conception. Sa structure de fer s'élève à m et, jusqu'en 1930, c'était la plus haute tour du monde. Elle it son nom à son concepteur, l'ingénieur français Gustave Eiffel.

QUE LA FÊTE COMMENCE

Les plus grandes réalisations architecturales du mond
ont souvent été faites pour créer des lieux d'agrément
ce sont des salles de concert ou de théâtre,
ou encore des musées, par exemple.

UNE FÉERIE DORÉE

Le Lincoln Center de New York est un centre d'art des plus
importants. Il comprend six bâtiments, en plus d'un amphithéâ
où on peut assister en plein air à des concerts et à des pièces de
théâtre. Le centre de ce vaste complexe est occupé par une plac
ornée en son milieu d'une fontaine d'où semblent se déverser d
flots d'or lorsque toutes les lumières sont allumées.

PAS BESOIN DE MICRO!

Depuis 2 500 ans, la ville
d'Épidaure en Grèce est un grand
centre artistique. On copie encore de nos
jours son amphithéâtre, construit au IVe
siècle avant J.-C. Celui-ci est d'une
conception si parfaite que les comédiens
n'ont jamais besoin de micros pour
se faire entendre des quatorze mille
spectateurs qui peuvent s'asseoir
sur ses gradins.

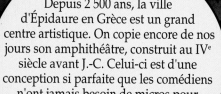

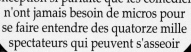

LA CAVERNE AUX TRÉSORS

Sur les rives de la Néva à Leningrad s'étire la façade du musée de l'Ermitage. C'était autrefois une résidence impériale; Catherine la Grande l'avait fait aménager pour abriter ses collections d'œuvres d'art. Aujourd'hui, c'est un musée ouvert au grand public, où on peut venir admirer près de trois millions de pièces exposées dans quelque dix mille salles.

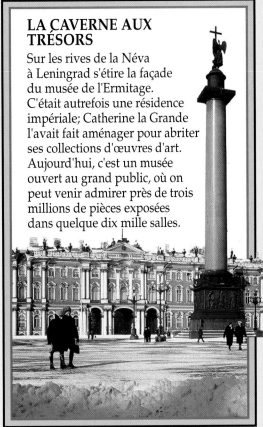

LES COQUILLES DE SYDNEY

L'opéra de Sydney en Australie est fait d'acier, de verre et de béton. C'est un bâtiment unique en son genre. Avec ses grandes arcades blanches en ogive, on dirait des coquillages artistiquement disposés ou un bateau cinglant toutes voiles dehors, ce qui convient tout à fait, étant donnée la proximité de l'océan.

AU CŒUR DE PARIS

Avec environ 20 hectares de superficie, le Louvre est un des plus grands palais du monde. C'est un musée ouvert au grand public depuis 1793, au moment de la Révolution française. Le bâtiment actuel est construit sur le site d'une forteresse datant du XIIIe siècle, récemment mise au jour à l'occasion des grands travaux de rénovation du musée. Il recèle de nombreux trésors artistiques, dont la célèbre Joconde de Léonard de Vinci.

QUAND LES ROMAINS S'AMUSAIENT

Le Colisée de Rome est connu partout dans le monde. Il est haut de 45 m et mesure au sol 155 m sur 185 m; il pouvait accueillir environ cinquante mille spectateurs. C'était le bâtiment le plus important de la Rome antique. Il a été inauguré en 80 après J.-C., et des jeux s'y sont tenus pendant plus de quatre cents ans.

Au cours des travaux de rénovation, qui se sont terminés en 1989, on a construit une pyramide de verre au centre de la cour; c'est l'entrée des visiteurs.

ÉTRANGES ET DEMESURÉS

La Terre est peuplée de merveilles, qui sont autant de témoins du génie humain. En voici quelques-unes qui sortent vraiment de l'ordinaire, à cause de leur originalité, de leur étrangeté ou de leur démesure.

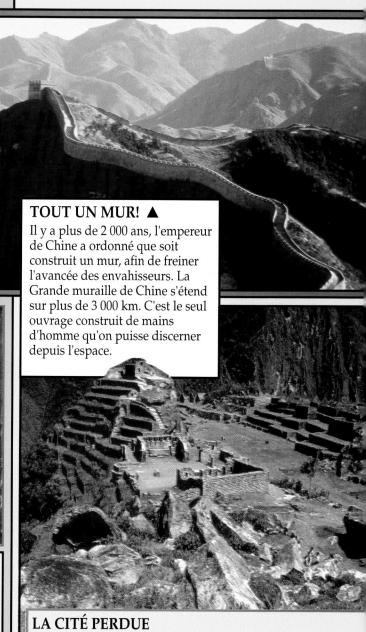

TOUT UN MUR! ▲

Il y a plus de 2 000 ans, l'empereur de Chine a ordonné que soit construit un mur, afin de freiner l'avancée des envahisseurs. La Grande muraille de Chine s'étend sur plus de 3 000 km. C'est le seul ouvrage construit de mains d'homme qu'on puisse discerner depuis l'espace.

DRÔLE DE FORME

À New York en 1902, des promoteurs immobiliers avaient trouvé un site exceptionnel pour bâtir un nouvel édifice. Mais il y avait un hic : le terrain formait un triangle. Ils ont alors tout simplement décidé de construire un édifice à base triangulaire. Cet immeuble s'appelle le Flatiron Building, c'est-à-dire le «fer à repasser», à cause de sa forme qui rappelle les fers d'autrefois.

LA CITÉ PERDUE

Un jour, un archéologue a découvert dans les Andes péruviennes une cité inconnue. C'était le site de Machu Picchu, une importante cité inca qui a été abandonnée sans raison apparente, après avoir été florissante pendant des siècles.

UX PORTES DE L'OUEST

Connais-tu ce monument sur la
photo, à droite? C'est le plus haut
monument du monde. Le
Gateway Arch de Saint Louis au
Missouri a une hauteur et une
largeur de 190 m; il est deux fois
plus haut que la Statue de la
liberté, et on peut le voir jusqu'à
50 km. Il a été planté là pour
rappeler que la ville de Saint
Louis était la porte vers les
nouvelles terres, au moment de la
ruée vers l'Ouest, au XIXᵉ siècle.

UN MYSTÈRE

Sur l'Île de Pâques, dans le
Pacifique sud, on peut
admirer plus de mille
statues, hautes de 1 m
à 21 m et pesant jusqu'à
quarante tonnes
métriques. On ne sait
ni qui, ni pourquoi,
ni comment elles ont été
faites, ni comment elles
ont pu être transportées
là où elles se trouvent
aujourd'hui.

UNE HORLOGE DE PIERRE

Le site de Stonehenge en Angleterre est vieux de trois mille à quatre
mille cinq cents ans. Cet alignement de pierres est une énigme
archéologique; il pourrait s'agir d'un calendrier astrologique, mais on
n'en est pas vraiment sûr.

LE CENTRE DU MONDE

Dans la Grèce antique, la ville de
Delphes était considérée comme le
centre de la Terre, qu'on croyait
d'ailleurs plate. Elle abritait le temple
du dieu Apollon, qui parlait par la voix
d'un oracle auquel on venait, parfois
de très loin, demander conseil.

UN SURVIVANT

Le Panthéon est probablement le
monument le mieux conservé de la
Rome antique. Aujourd'hui, c'est une
église, mais l'édifice avait été construit
à l'origine pour honorer les dieux
romains. Il est constitué d'un énorme
cylindre coiffé d'une coupole
présentant en son centre un orifice
appelé «oculus», qui laisse passer la
lumière du jour.